By Laura Williams
Translated by Nguyen Thi Kim

© 2022 Williams Books
1 rue de l'église, 91430 Igny
Dépôt légal : Décembre 2022
ISBN 978-2-494614-35-2
Imprimé à la demande par Amazon
Loi n° 49-956 du 16 juillet 1949 sur les publications destinées à la jeunesse

quả táo

apple

quả bơ

avocado

quả chuối

banana

đậu

beans

cải bắp

cabbage

cà rốt

carrot

ót

chilli

ngô

corn

quả dưa chuột

cucumber

cà tím

eggplant

tỏi

garlic

gừng

ginger

đậu xanh

green beans

trái ổi

guava

chanh

lemon

xoài

mango

nấm

mushroom

củ hành

onion

quả cam

orange

quả đu đủ

papaya

chanh dây

passion fruit

đậu phụng

peanut

đậu hà lan

peas

quả dứa

pineapple

khoai tây

potato

quả bí ngô

pumpkin

cơm

rice

đậu nành

soy

rau chân vịt

spinach

đường mía

sugar cane

khoai lang

sweet potato

quả cà chua

tomato

dưa hấu

watermelon

lúa mì

wheat

Thank you

Thank you for purchasing "Vietnamese-English Words for Toddlers"! Your support means a lot to me, and I hope you and your child enjoy these books.

If you have a moment, I would greatly appreciate it if you could leave a review on Amazon. Your feedback will help me improve future editions of the series and create more resources for bilingual children.

Thank you again for your support. You can access the reviews on Amazon by scanning the QR code below or by visiting the link below:

https://www.amazon.com/review/create-review?&asin=249461435X

Thank you for helping me continue my work as a language teacher and translator. Your support is greatly appreciated!

In the same collection